子どもに豊かな放課後を

学童保育と学校をつなぐ飯塚市の挑戦

三浦清一郎
森本　精造
大島　まな
［共著］

日本地域社会研究所
コミュニティ・ブックス

まえがき

「私事の養育」から「社会が分担する養育」へ

1　ついに政治が動くか！

平成30年9月5日、自民党行政改革推進本部（甘利明本部長）は、党本部で総会を開き、中央省庁再々編の検討を促す提言を了承したと、NHKニュースに流れました。これまで子育て支援政策は、厚労省、文科省、内閣府がバラバラに行なってきましたが、「政策を一体として推進する官庁が必要」として、一つの官庁に一元化して担当させることを提案したということでした。

2　「私事の養育」から「社会が分担する養育」へ
──少子化を歯止めし、女性の社会進出を支援する──

女性が社会に出てさまざまに活躍するようになれば、間違いなく従来の家庭教育はどこかで手薄になることでしょう。その手薄になる部分を埋める機能が、子育て支援です。支援の本質は、「養育の社会化」です。この場合、「社会化」とは、「肩代わり」という意味であり、養育の相当部分を親に代わって、社会が引き受けるという意味です。

「養育の社会化」が不十分で、子育てにお金がかかるとなれば、保護者は当然、次の子どもを産むことにためらいを感じることでしょう。「エンジェル係数」が高く、子どもの成長・発達に不安を感じるとなれば、それが、「少子化」の重要な原因になるのは当然のことです。これまで男主導の社会は、「養育」の責任を家族だけに負わせました。換言すれば、一方で、女性の社会進出を奨励しながら、他方で、子育てを、「私事」の中に閉じ込めてきたのです。

政治も、行政も、男女共同参画時代の子育てに必要な、「社会的支援」をシステム化せぬまま放置したことが、少子化の原因をつくったことに気づきませんでした。人口減少の危機的状況が露わになって初めて、「養育の社会化」の重要性が政治課題になりました。

特に、経済格差の拡大や子どもの貧困が問題になっている状況では、子育て支援は、議論の多い「子ども手当」のような個別支援ではありません。財政支出は、「社会の養育」経費に充てるべきなのです。どの家族も安心して子どもを産み・育てることができるように、社会による「安心の保育」、「行き届いた教育」、「豊かな遊び」などを保障する環境の創造にあてるべきなのです。

「格差」が露わになった今の時代こそ、「格差」が成長や発達の不公平につながらないよう、「養育の社会化」の充実が大事なのです。家族の状況に関わらず、公平な子どもの発達環境を整えることこそが、子育て支援の基本条件です。

子どもの養育は、当然、「お守り」だけでは不十分です。子どもと接触する時間が少なくなるひとり親や共働きの親に代わって、「養育の社会化」では、基本的生活習慣の確立、規範のしつけ、社会的適応、豊かな遊びなどを保障しなければなりません。

制度的には、長く縦割り行政の中で実現できていない保育と教育の「融合」と「充実」が日本国の課題になります。仮にそれを福祉と教育の融合…「保教育」と呼んでおきます。

従来、論じられてきた「幼保一元化」も、児童福祉法の第6条にいう「放課後児童健全育成事業」も、要は子どもの健全な発達を促すための「保教育」の充実という意味です。保教育とは、子育ての主体が誰であるかに関わらず、健全に子どもを育てるための保育機能と教育機能の、「融合と充実」を意味しています。

政治はもとより、中央行政も、地方行政も、少子化や女性の社会進出が課題となる一時代前に慣習化した行政の縦割り分業に終始し、ついに「養育の社会化」、「保教育」の充実に着手することはなかったのです。

3　少子化は、家族のためらいと女性の「異議申し立て」の結果です

もちろん、いつの時代も、保育機能を伴わない幼少年教育はあるはずはなく、教育機能を伴わない保育もあるはずはないのです。

日本国の少子化は、貧しい子育て環境への家族のためらいと女性の「異議申し立て」の結果です。基本的には、女性による「拒否権」の発動であったといっても過言ではないでしょう。男性主導の政治も、男中心の企業の経営体質も、居心地のよい座に座り続けた家庭の男たちも、これまでの養育環境を一度も女性の身になって発想したことはありませんで

した。男女共同参画が時代の目標となり、家族形成期の女性の7割が就労し、核家族化が元に戻せない状況にもかかわらず、「養育の社会化」を怠り、国の根幹を揺るがしかねない少子化の危機を招いたのは男の「鈍感」であり、とりわけ政治と行政に関わった男の「鈍感」です。

4　学校の子も、学童の子も、地域の子 ――「飯塚プラン」の革新性――

保育と教育を分離して今日に至ったことは、3世代同居や農村共同体の暮らしが主流であった時代の慣行を引きずっているのです。社会の変化、女性の置かれた環境の変化に対応できず、養育における機械的な縦割り行政を修正しきれなかったことは、政治と中央行政が時代の要求を見抜こうとしなかった怠慢です。背景には、女性の状況を配慮せず、理解もできなかった男社会があります。

福岡県旧穂波町の教育行政は、子育て環境の貧しさを改善しきれない現状に気付き、学校開放や「子どもマナビ塾」の施策を講じ、合併後の飯塚市に発想を引き継ぎました。

数年の準備期間を経て、飯塚市は、２０１７年、学童保育の所管を教育委員会に置き、学校教育課が担当するという仕組みを決定しました。各小学校に、「学童担当」の教員が任命され、全体を統轄する「学童担当指導主事」も任命されました。「学童保育」に学校（教師）が関わり、保育と教育を一体的に充実させようという「保教育」の発想は、内容的に、冒頭に紹介した「子育て支援行政の統合提案」と軌を一にしています。

現存する経済格差から生じる家庭の貧困が、子どもの発達や教育の貧困に連動することを防止する、というのが飯塚市長の発想です。学童保育を、「保育＋教育」とする発想が、下部の幼児保育にどう影響していくのか、まだ制度上の答は出ていませんが、「学童保育」にのみ、教育機能を融合し、幼児保育を放置するということは、行政思想において矛盾することになるでしょう。

「幼保一元化」の思想は、すでに民間が先行しています。私立の保育所の多くは、「Edu-Care」というように、「Education：教育」と「Child Care：保育」をドッキングして縦割り中央行政の蒙昧に対処しています。

飯塚市は、学校の子どもも、学童の子どもも、地域の子どもとして教育発想の下にその成長を支援する、という施策に着手しました。この構想が、構想通りに具体化すれば、真に女性の社会進出を支援する、「養育の社会化」モデルが誕生することになります。飯塚プランの理念と方法は、少子化を防止し、男女共同参画を推進し、幼少年期の子どもを社会の視点から育てるという日本の未来を、根本から変える力を有しているのです。

＊本文中、「教育」概念は最も広い意味で使用しています。基本的生活習慣の確立、異年齢の集団活動への適応、協調や協働など社会的規範の獲得、豊かな遊び、安全教育などを含んでいます。

目次

第3章　教育行政関係者の意識変化は、「菰田児童クラブ」の発表会から始まった …… 97

第１章　学・保連携――市長の決断
片峯誠飯塚市長インタビュー

大島まな

1　学校教育課所管の放課後児童クラブ

大島　本日は、市長さんのお考えとご決断を直接お聞きすることができて幸いです。飯塚市では、もともと福祉行政の事業である放課後児童クラブ（学童保育）を学校教育課のもとに置かれましたね。現行の行政分業のもとでは、なかなかできない決断だと思いますが、福祉の学童保育と学校教育を組み合わせようと思われたのは、そもそもどういうお考えからでしょうか？

市長　私は学校教育で長く仕事をしてきましたが、学校の子どもも学童の子どもも地域の子どもも、同じ飯塚市の子どもです。今、子どもの環境が大きく変わりました。子どもたちが健全に育つには、学校だけでは難しい現状があります。特に放課後の過ごし方は、地域・家庭など子どもが置かれた環境によって教育上の格差が生まれやすいと心配しています。現在のように、子どもの貧困対策が法律（平成25年・法律第64号）にまでなっている状況では、家庭の経済格差が子どもの教育格差につながってはならないと考えています。しかし、残念ながら現実には、格差の連鎖が存在します。

私は、どんな家庭の子どもでも、質の高い教育が受けられる飯塚市にしたいのです。どんな家庭の子どもでも豊かな放課後の時間を過ごしてほしい。そういう思いから、「子どもの貧困」に対処する総合政策の一つとして発想しました。家庭の教育格差、経済格差、人間関係格差等を埋める手だては複数あります。一つは学校です。しかし、学校だけでは無理があります。地域の総合力を生かして、放課後も責任を持って子どもの生活をみる！

まずは、親が外で働いている家庭の子どもたちが放課後に過ごす学童保育に注目しました。学童保育は、平日の放課後、毎日、土曜と長期の休みには一日中行なわれます。時間的には、学校よりも遥かに長いのです。この時間の対応をどうするかは、発達著しい成長期の子どもたちにとって極めて重要だと考えています。

そこで、学童保育に集団活動や教育的プログラムを入れようと思いました。そのためには学校教育のもとで一元的に見守ることが最もよいと考えました。ほとんどの学童保育は小学校の校舎または敷地の中にありますから、連携は十分可能だと思いました。

2　子どもの放課後の充実は地方創生に通じる

大島　うれしいお話です。私も放課後の育児は男女共同参画の基本であり、少子化防止の基本でもあると思っています。だから、多くの学童保育が狭い空間に閉じ込めたお守り中心の現状を心配しております。

ところで、飯塚市では学童保育に通っている子どもは、全体のどれくらいなのでしょうか？「女性の活躍推進」で働く母親が増えていることから、少子化であっても学童保育は増えているというのが日本全体の傾向ですが……。

市長　現在、学童保育を利用している子どもは、飯塚市内小学校全児童の約3分の1です。しかし、低学年では約5割です。それだけの子どもたちが毎日過ごす場所ですから、その時間に何をするのか、どう過ごすのか、そこでの体験の質を保障したいと考えました。このことは、個々の子どもにとって重要ですが、同時に飯塚市全体にとっても重要なのです。確かに日本全体は少子化傾向ですが、飯塚市はここ数年、幸い子どもの数が増えてきていま す。教育の質を評価していただいた結果だと考えたいのです。もちろん、学校教育でも、市のすべての子どもたちが質の高い教育を受けられるように努めているところですが、放課後の過ごし方にも子どものよりよい発達を支援する施策を導入することが地方創生につながると信じています。おっしゃるように女性の活躍を推進している時代ですので、働くお母さんはこれからも増えるでしょう。したがって、学童保育の需要はますます増えると思います。そうなると学童保育の質を保障することは、子どもの発達支援であり、女性の社会進出の支援につながり、ひいては飯塚市の地方創生策にもなるのです。

大島　市長さんだからおできになるのだと思いますが、縦割り行政の中で教育と福祉の連携はお考えのとおりに進むでしょうか？

学童保育は福祉行政、学校は教育行政。学校の意識は学童保育の領域にはあまり向いていないのではないでしょうか。実行するには学校の壁や行政の仕組みの上の壁があったのでは？

市長　確かにそれはあります。ただ、本市には、すでに成功している2つのモデルがあったことが強みでした。1つは、山口市井関にこにこクラブの「保教育」の成功事例をモデルにした、菰田（こもだ）小学校学童保育の取り組み、もう1つは、学校と学童保育の連携で特に学校の支援がよくできている椋本（むくもと）小学校学童の取り組みです。菰田小の例は支援員主導、椋本小の場合は学校主導の支援です。この2校で現場の力が示されました。支援員と学校教員がその気になれば、飯塚市全体で子どもの放課後の質を変えることができると確信したのです。

菰田の支援員は、教育プログラムを実施する前は、「自由時間がこわかった」そうです。それが、放課後の子どもたちに規律が生まれ、活動に集中し、集団の力が強まって、今はそのような心配や不安を感じることがなくなったそうです。

学校教員も、「忙しくなるのでは」と後ろ向きに考えるのではなく、「学校とは違う生活場面で子どものことをもっと知ることができる」、「親とつながるよい機会になる」ととらえてほしいと思っていましたが、実際そのようになったと聞いています。
もちろん、人事面でも、うまくいくよう行政上の配慮をしました。一方では、福祉担当課の子ども支援課長（再任用）を学校教育課の学童保育担当として配置し、他方では、社会教育経験のある元教員を、学校と福祉行政をつなぐコーディネーターとして任命しました。また、学童保育の最前線には、支援員との連携強化のために、校長経験者を学童担当指導主事として置きました。また、学童を委託しているＮＰＯも本市の施策に対応してくれて、学校と連携して指導を統括する元校長経験者を採用してくれました。このような布陣が機能し始めているところです。

大島　まさしく、市長さんだからこそできる対応ですね。学童保育担当のみなさんに期待している役割はどんなことでしょうか？
最大の課題は、学校と学童保育の連携のあり方だと思うのですが……？

市長　まず、施設の共有化です。責任の所在がはっきりしたことで施設の活用について「愚かな議論」をしなくてよくなりました。これまでは、同じ子どもたちが使うのに、放課後の施設使用について、学童の責任か、学校の責任かということから議論しなければなりませんでした。学童保育にとっては、学校は最善の施設だと思いますが、実際は使いにくい施設だったと思います。両者の連携が施策になった今では、そのような「愚かな議論」をせずに、率直に施設利用のニーズを伝えられる体制ができました。

2点めは、子どもについての情報共有が進んでいます。先生が学童保育をのぞきにくることが増えました。特に家庭の様子は、日々、子どもにも保護者にも生活面で接している支援員が詳しいので、教員は子どもの生活面の背景を知る機会ができて助かっています。

３点めは、放課後の集団生活や学びの体験の内容が充実したことです。学童保育では、保護者の要望もあって、宿題をさせることもあります。教員が関わることで、より豊かな学習ができるようになりました。

本市では、小学校19校中18校に学童保育がありますが、もちろん、すべての学童保育において学校との連携が同じように進められるわけではありません。最初は進み具合に差が出るのは仕方がないと思っています。施策を進めていけば、徐々に全体が充実していくと期待しています。

3 「学・保連携」で何をするのか？

大島　保育における学び体験の充実ということですが、学童保育は学校の勉強とは違いますよね。生活と遊びの場に先生方が関わることによっていろいろな変化がでると思います。教育的な質を保障するために、市長さんは、特にどのような体験を考えておられるのでしょうか。母としても、研究者としても、とても興味がございます。子どもたちはどんな力をつけるのでしょうか？

市長　まずは一般的にいう「生きる力」ですね。社会性、協調性、適応力、耐性などが考えられますが、それにもまして放課後の時間を楽しんで欲しいですね。異年齢で過ごす時間が楽しければ、結果的に、いろいろな力がつくと思っています。

大島　そんなふうになるとうれしいことですね。放課後に、楽しい時間があって、基本的生活習慣や協調性など、社会生活を送るための基礎力がついたら素晴らしいことだと思います。

市長　そうです。私は、さらに、体力づくりが大事だと考えています。これから人生を生き抜いていくには、何といっても体力が土台になります。これには、学童保育を担当するＮＰＯに新しく参加した元校長が指導力を発揮してくれています。彼はもともと校長時代に体力アップに取り組んでいた経験がありますので、４

つの小学校でその指導にあたってくれていて、その効果は絶大でした。先日、彼の指導で4校の学童保育の合同発表会がありましたが、そこで披露された集団行動は見事でしたよ！　その子どもたちの姿を観た保護者、学校教員、支援員、ＮＰＯ職員は拍手、拍手でした。

大島　子どもたちもうれしかったことでしょうね！　皆さんの評価は子どもに直に伝わり、翌日から彼らが変わっていくことを私も山口の指導で経験いたしました。発表会の効果は大きいですね。

市長　同感です。みなさんの拍手で大人も子どもも変わります！
　支援員は、やってきたことは間違いではなかったと実感します。何より子どもは、達成感を感じ、自信がつき、大きく成長します。次の挑戦への意欲も生まれます。もちろん、発表会までの練習、日ごろのがんばりがあってのことですが、発表会で成果を表現することは、がんばれば報われる、ということを実感させる意義があるのだと思います。表現の「舞台」は大事です。ほめられれば子どもたちはがんばります。もちろん、これは、学校教育でも経験していることですが……。

大島　発表会は、支援員、学校の先生、保護者、ＮＰＯ、行政関係者が、子どもたちの発達支援に向かって気持ちをひとつにする空気を生み出しますね。これから他の学童保育でも同じような発表会が次々とできるようになれば、素晴らしいことですね！

4 学童保育を受けることのできない子どもをどうするか？

大島　飯塚市は、すでに合併前の穂波町時代から「子どもマナビ塾」の実績がありますよね？　子どもたちの放課後に小学校で、地域の講師がいろいろな体験活動を提供していると聞いています。この「マナビ塾」と学童保育の関係は、今後どんなふうに発展させていくお考えでしょうか？

市長　「子どもマナビ塾」は、放課後、学校の教室を利用して行なっています。希望する子どもは誰でも参加していいよ、という事業で、合併前の穂波町でスタートしてから10年以上の実績がありま す。現在は放課後、子ども教室として実施しているところもあります。学校では基礎基本の学習を行ないますが、補助的な学び、プラスアルファの学びを「子どもマナビ塾」で、と考えています。具体的には、英会話、パソコン、珠算、工作、昔遊びなどの体験活動が地域の高齢者等ボランティア講師によって行なわれています。飯塚市では子どもたちから１回１００円の受講料をとって、講師の費用弁償にあてています。相談があれば家庭によって無料となるようにしていますが、相談は今のところありません。すべての小学校で、週2～3回ほど実施していますが、５割ほどの子どもが参加しています。学童保育の子どもも希望すれば受講料を払って参加できます。

実は、この放課後の「子どもマナビ塾」の実績があったことも、学童保育に注目した理由の一つでした。参加状況を見ただけで、保護者の皆さんが、子どもたちの放課後の時間の過ごし方を心配されていること、子どもの体験を豊富化したいという家庭のニーズをひしひしと感じました。

大島　いずれは、学童保育と「子どもマナビ塾」を一体的に実施するというお考えはあるのでしょうか?「飯塚市の子ども」といった場合、両親が「共働き」でない家庭の子どもの放課後の過ごし方もありますよね。学童保育には、市の教育行政の配慮が行き届きますが、現行の制度では学童保育の恩恵を受けることのできない子どももいると思うのですが……。

市長　そのとおりです。それは、これからの課題です。

大島　「子どもマナビ塾」は地域の人材を積極的に活用されていますね。地域ぐるみで子どもを育てるという視点から、とても注目しているのですが、学童保育でも、今後、さまざまなプログラムを実施するうえで、地域の人材を活用するようなお考えはありますか？

市長　もちろんです。「子育てのまち」を標榜する以上、地域との連携は不可欠だと思っています。一般の方、地域の方をボランティアとして登録、活用する方向で検討を進めたいと思っていますが、具体的には、これからの課題です。

現在行なわれている「e—マナビ（いいづか市民マナビネットワーク）」や「子どもマナビ塾」の指導者は、何らかの指導技術を有する市民が中心で、指導に対する費用弁償を予算化しています。

一方、学童保育の場合は、特別な技術や資格がなくてもできること、たとえば遊びの指導や見守りなど、多くのみなさんにご参加いただけるような仕組みにしたいと考えています。特に、人生100年時代ですから、高齢者の社会参加・活躍支援にもつなげたいのです。

まちづくりの一環として地域通貨、健康ポイントなど、謝金に代わる報酬制度なども工夫したいものです。今後、高齢化はますます進むと思いますので、参加型福祉を実現するためには、高齢者の就労支援も考えなければなりません。学童保育支援に限ったことではありませんが、高齢者の地域活動が、就労につながるホップ・ステップ・ジャンプの「ホップ」になればと考えています。

大島　高齢者がご参加くだされば、まさに「幼老共生」の実現になりますね。そのとき、子どもたちのサポートをしてくださる地域の方々をどのように発掘、養成されるのでしょうか？

市長　学童保育がすでに地域の有識者や保護者による支援会議をもっていますから、支援員に地域の方を推薦してもらうことが一つです。また、まちづくり協議会や老人クラブからもご推薦いただけると考えています。

大島　教育行政と福祉の連携を始められて、仕組みや現場指導のうえで、難しいと感じておられることはありますか？

市長　1つは「ばらつき」と聞いています。学童保育は、学校と違って「ときどきくる子」も少なくありません。集団で指導するのに、学校では毎日、同じ子どもたちが集まって当たり前ですが、学童保育では塾や習い事、親の都合などで出たり入ったりする子どもがいて、ばらばらです。現場は頭が痛いことでしょう。発表会をやればわかることですが、毎日きている子とそうでない子に練習成果の差が出ます。どの子どもにとっても、発表会を「晴れ舞台」にしてやりたいのですが、簡単ではありませんね。でも、それが学童保育です。できるだけそれぞれの子の持ち味を生かす、その子なりの役割を発揮できるように支援員が工夫しているようです。この「ばらつき」問題については、発表会を参観する保護者にも理解を求めています。

もう1つは「学・保連携」を実効性のあるものにすることです。学童保育の日常活動や発表会で、当然学校の管理職や職員も参観し、大きな拍手を送っています。子どもが学校の担任に、発表会を「見にきて欲しい」と誘っているという話も聞いています。学校も忙しいと思いますが、今後、連携の成果が明確に見え始めれば、徐々に、学校と学童との関わり方も深まっていくと期待しています。

大島　今のところ、少子高齢化の傾向は止まっていませんね。男女共同参画もジェンダーギャップ指数を見る限り、日本社会における女性の活躍は足踏み状況だと思います。これから市の重点施策として子育て支援を進めていくにあたって、市長さんの最終目標は何でしょうか？

市長　まず、この政策を通して、飯塚市の子どもは地域全体で育てるという仕組みをつくることです。もちろん、飯塚市のすべての子どもが立派に育つことが最終目標です。教育と福祉が連携して、子育てをサポートすることは親の就労支援、職業支援、教育支援につながると確信しています。３つの支援が同時進行すれば、当然、女性の活躍支援にもつながると考えています。

最後に、高齢社会への対応は政治に関わる者の挑戦です。子育て支援は、高齢者の社会参加を促す絶好の機会だと思います。高齢者の社会参加と活躍を支援して、高齢者の活力をまちづくりに生かしたいと思っています。それが高齢者の元気にもつながるはずです。

「学校の子どもも、学童の子どもも、地域の子ども」です！　子育て支援を核に、住民の絆を強め、地域づくりにつなげたいものです。市長として、施策の夢が実現すればと切に願っています。

２０１８年11月30日　インタビュアー：大島まな

付記　「子どもマナビ塾」の先行実践

飯塚市では、旧穂波町時代から、「子どもマナビ塾」を創設して、学童の放課後の教育機能を補完しようとしてきました。「子どもマナビ塾」は、旧穂波町において、町内５校の全小学校において、学童保育と併行して行なわれ、学校を拠点とした放課後の教育の試みです。「子どもマナビ塾」は、対象を限定せず、全世帯の全児童に開放し、「学童」と同じく、年２８０日を実施基準としました。

飯塚市との合併後も「子どもマナビ塾」は引き継がれ、創始者の森本教育長が引退したのち、後任の片峯教育長が受け継ぎました。片峯教育長が市長に就任したあとも、森本構想を継続・発展させ、現在は、市長の意を受けた西教育長が就任しています。3代続いた「子育て支援」に関する教育長構想は、学童保育を教育委員会に置き、学校教育課が所管するという仕組みに結実しました。飯塚市は、学校と学童保育を連動させ、制度上、地域の子どもを一体的にとらえ、支援を分業化することを避けようとしているのです。日本国における分業は、岸田秀が「自閉的共同体（＊1）」と名付けたとおり、担当部局が「セクト化」し、「タコツボ」になりやすく、担当外の事象に対する「無関心」、「無責任」を生む危険性があります。「国益より省益」という表現に象徴される担当部局の「セクト化」現象は、日本社会のあらゆる組織に生まれやすいのです。学校が学童保育に無関心で、非協力的であることは、全国どこでも見られる現象ではないでしょうか？

その意味で、学校の子どもも、学童の子どもも、地域の子どもとして、共通の教育発想の下にその成長を支援するという飯塚市の仕組みは、縦割り行政の弱点を補強し、保育と教育のセクト化を突破した希有の事例です。

（＊１）岸田秀著『ものぐさ精神分析』（青土社、２０１４年、P．14）

第２章　「学・保連携」の
「飯塚プラン」までの道程

森本精造

1　学校教育はなぜ学童保育を支援しなければならないか？

ある日、片峯教育長（現飯塚市長）が「学童保育を教育委員会で所管します」と言いました。筆者は「え！」と驚き、次に「本当にできるの？」とたずねました。学・保連携は、筆者が前任の教育長として、やりたくても取り組めなかった施策でした。

市長は、「実は今、『子どもの貧困』が行政施策の責務として、大きな課題になっています。その解決には『教育支援』が重要な役割を担っている、と思うのです。飯塚市には、先行事例として、放課後の子どもたちを対象にした『子どもマナビ塾』があります。この事業の発想を『学童保育』事業と抱き合わせれば、子どもの貧困対策を地方教育行政として、総合的に推進することができるのではないでしょうか？『子どもの貧困』が、『教育の貧困』に直結することが心配なのです。子どもの貧困と教育の貧困の連鎖を断ち切るためには、学童保育は教育委員会で進めることが大事ではないでしょうか！」と。

驚くべき市長の決断でした。

2　挑戦の道程――教育長としての試行錯誤

「飯塚プラン」に至る道程を一覧にすると次の表のようになります。今になって振り返ると、教育長として挑戦した試行錯誤の道程を辿ってきたことがわかります。

第２章 「学・保連携」の「飯塚プラン」までの道程

飯塚プランまでの推移

年	年度（平成）	旧穂波町	飯塚市
1980	昭和55年		
	平成5年		旧飯塚市：高齢者学習活動促進事業受諾（現：飯塚市生涯学習ボランティアネットワーク）
2002	14	9：いきいきサタデースクール	
2003	15		
2004	16	熟年者マナビ塾開始（5校：全小学校）	
2005	17	1～3：子どもマナビ塾（2校） 4：子どもマナビ塾 （5校：全小学校）	
2006	18		3月合併（飯塚市）
2007	19	旧飯塚市事業に統合	放課後子ども教室開始
2008	20		
2009	21		
2010	22		9：いいづか市民マナビネットワーク事業 （e-マナビ）開始
2011	23		
2012	24		
2013	25		
2014	26		
2015	27		4：菰田プロジェクト開始
2016	28		4：児童クラブ担当指導主事設置 （教育委員会：教育研究所内）
2017	29		4：学童所管が学校教育課になる 4：学校教育課内に児童クラブ担当係り設置 ：学校と学童の「連携会議」始まる
2018	30		

3 教育長相互の同意から市長の基本政策となる

直近のきっかけは、「菰田（こもだ）プロジェクト」の成功でした。このプロジェクトは、平成27年度から開始した菰田小学校と菰田児童クラブ（飯塚市の学童保育の名称）とを連携させた実験事業です。具体的には、第1に、学童保育に教育プログラムを導入し、「保・教育」の推進に挑戦しました。

第2に、「保・教育」の連携の成果を発表会で公開しました。その結果、学童保育の支援員はもとより、保護者も、地域住民も、教育行政の関係者も、子どもたちの変容を自分で確かめることができました。子どもたちの変容は、何よりも「論より証拠」でした。筆者は、この公開発表会を見たことが、片峯教育長の決断を促したと思っています。

筆者は、長く、社会教育行政で仕事をしました。教育長に就任してからも、「子どもマナビ塾」、「熟年者マナビ塾」に関わってきました。これらは「学社連携」の発想です。学校と社会をつなぐことをライフワークにしてきた経験から、前任教育長として、片峯氏から学童保育の所管替えの件を聞いたとき、「教育委員会が所管するなら学校教育課が担当すべきだと思うのだが……」と提案しました。片峯氏は、即座に、「私もそう思っています」とのことでした。放課後の子どもの過ごし方は、「教育委員会学校教育課が担当する」という発想で、前・現二人の教育長の意見が一致した瞬間でした。

4 「学社連携」を基軸とする教育施策の思想と戦略は「未来の必要」である

「未来の必要」とは、中国・四国・九州地区生涯教育実践研究交流会（＊1）第30回大会を記念して発行した研究書（＊2）のタイトルです。

その中で筆者は、「少子・高齢化に対処する『学社連携』を基軸とする教育施策の思想と戦略――福岡県旧穂波町及び飯塚市の教育行政経験から分析する『未来の必要』」と題する実践モデルを執筆しました。

実践モデルの第1は、学校施設を開放し、地域の高齢者等が活躍する

「学社連携」事業、「子どもマナビ塾」と「熟年者マナビ塾」の取り組みです。

第2は、「『学社連携』における教育内容および方法の再点検」としました。再点検の核心は、「保育と教育の一体的推進であり、学校外での教育内容を子どもの『生きる力』の向上を目的としたものへ焦点化すること、教育委員会の管轄下に『子ども課』のような仕組みを整えて『保育』を一体的に進める必要がある」ことを指摘しました。

今回の「飯塚プラン」では、このときの思想をさらに進めて「学校教育課」が直接担当し、推進することになったのです。

（＊1）１９８２年（昭和57年）に創設、福岡県立社会教育総合センターを拠点としている。２０１８年で37回を終了している。今回の出版にかかわった３人（三浦、森本、大島）は、福岡県実行委員をしている。

（＊2）三浦清一郎編著『未来の必要』（学文社、２０１１年5月）

5 なぜ、「学校教育課」なのか？

学童保育を教育行政が所管するとして、なぜ、「社会教育課：公民館」でなく「学校教育課」なのか？

答えは、筆者自身の教育行政体験の中にあります。筆者は社会教育行政を長く担当し、何よりも「学社連携」の必要を主張してきました。学校教育と社会教育は教育行政における車の両輪と信じていたからです。しかし、学校教育と社会をつなぐ事業の推進は、残念ながら車の両輪論の実現にはほど遠いものでした。

社会教育関係者は、常に「学社連携」が必要であると主張してきましたが、学校教育関係者からの反応は乏しいものでした。学校は学校だけで自己完結しており、他分野との連携には常に消極的でした。

近年、体育館や運動場の地域開放、学校教育への高齢者等の地域ボランティアの活用など、学校側がいう「学社連携」はずいぶん進んできましたが、それでもまだ一部の学校での取り組みにしか過ぎません。

まして、学童保育は首長部局の福祉行政が行なっている児童福祉事業です。その中に教育プログラムを導入して教育事業を行ない、教育委員会が所管するといえば、担当は、必然的に「社会教育」にならざるを得ないのです。なぜなら、「学校教育以外で行われる教育は社会教育」と法に謳われているからです（社会教育法第２条）。

筆者としても、当然、社会教育（公民館）が先頭に立ち、学校教育を巻き込み、「保育と教育の連携」を進めてほしいと思っていました。だが、現実は頑固です。残念ながら、社会教育行政が学校教育に働きかけても、学校は動きません。この現実は、筆者の経験知でした。旧穂波町で5年半、飯塚市で4年の教育長の体験からも、学校以外の任務を学校に引き受けてもらうことは、至難の業であることは分かっていました。

ところが、片峯教育長が市長となり、「飯塚プラン」は、当初から「学校教育」が所管するという英断が実現しました。教育行政の発想が、市政の発想になったのです。

筆者の長年の課題であった「学社連携」が、思わぬ形で進むと期待に胸が膨らみました。「飯塚プラン」推進の中で、今後、必ず「学校教育から社会教育に働きかけが起こる」「起こらなければ『飯塚プラン』は進まない」と思いました。一方で、現行の社会教育は大丈夫か、という心配もありました。

6 「保育＋教育」は、「学校教育と社会教育の連携」

学童保育に教育プログラムを導入するという「飯塚プラン」は、福祉と教育の融合です。児童福祉事業に教育活動を導入することは、「保育＋教育」を推進し、学校教育と児童福祉の縦割り行政の壁をなくしていく計画です。

もちろん、「飯塚プラン」は、子どもたちの成長・発達が学校教育だけで完結するものではなく、家庭教育や地域の教育力と連携して推進すべきであるという至極当然なことを、改めて提案するものでもあります。

市長が指摘するとおり、家庭の貧困は教育の貧困に直結する危険性があります。教育行政が経済的貧困を止めることはできませんが、教育の貧困を止めることはできます。福祉と教育の融合はそのための手段となり得るのです。放課後児童クラブに学校が関わり、連携を深めていくことは、放課後の教育力を空白にしないことであり、児童の発達支援対策を総合的に進めていくということになります。

社会教育法第2条に規定のとおり、学校外で行なわれる教育が社会教育であるというのなら、学童保育での教育活動は社会教育の範疇に入るということになります。かくして、学校と学童保育の連携は、まさに「学校教育と社会教育の連携」そのものになるのです。

7　2つの先行モデル

筆者はこれまで、学童保育に教育プログラムを導入した2つの実践事例を見てきました。1つは、福岡県旧豊津町の「豊津寺子屋」、もう1つは山口県山口市の「井関にこにこクラブ」です。

両者の日常活動と成果の発表会を見るかぎり、学童に教育プログラムを導入することの有効性は明らかでした。子どもたちは集団活動を学び、生き生きと遊び、言動は活発になり、以前はできなかったたくさんのことができるようになりました。保護者の評価も高く、活動を支援した高齢者も、支援員も元気になりました。

支援員は、保護者・関係者から多くの支援と拍手をもらい、異口同音に、日々の業務が楽になり、仕事に誇りとやりがいが生まれたと言っていました。

8　飯塚市でできないはずはない
――「菰田（こもだ）プロジェクト」が突破口となった

飯塚市には、筆者が旧穂波町の教育長時代に創設し、合併後の飯塚市につないできた「子どもマナビ塾」があります。「子どもマナビ塾」は、学童保育との2本立てで実施し、福祉と教育の融合はできませんでしたが、プログラムを公開にして希望者は全員受け入れました。

「子どもマナビ塾」では、放課後、土曜日、長期休業中に学校施設を開放し、学校職員の支援も取りつけ、放課後の子どもたちに教育プログラムを提供しました。「子どもマナビ塾」には、児童クラブからも常時7割の子どもたちが参加していたので、実質的には、制度外の連携ができていたのです。

教育行政の責任者としての観点から、「飯塚市でも、2つの先行事例のように、学童保育の子どもたちに、『直接、遊びや教育プログラムを提供できないか』」と考えたのが取り組みの始まりでした。それが「菰田プロジェクト」でした。

9 「菰田プロジェクト」――児童クラブへの働きかけ

平成27年度、飯塚市内の「菰田児童クラブ」に、初めて教育プログラムの導入を提案してみました。主任支援員が山口市の「井関にこにこクラブ」の発表会を見たことがあったことも幸いしました。相談の結果、「やってみよう」ということになり、飯塚市の児童クラブでは初めての「保育＋教育」の試みとなりました。

筆者も手探りで、支援員の教育プログラム導入を支援するかたわら、菰田小学校に出向き、学校長に児童クラブ支援をお願いしました。

学校とは別棟とはいえ、同一敷地内にある児童クラブです。子どもも同じ学校の子どもです。にもかかわらず、行政が縦割りであるため、福祉行政が主管している児童クラブと学校との関わりは行事予定表を月１回、教務主任が持参するという程度でした。

形式が先行した連携でしたが、名称を「菰田プロジェクト」として連携事業を立ち上げ、菰田小学校には「児童クラブ担当職員」を任命してもらいました。

10 発表会が子どもと支援員を変えた

「菰田プロジェクト」と銘打って、連携事業を立ち上げたものの、「学校は敷居が高い」と言っていた支援員からの学校への働きかけはほとんどできませんでした。教育プログラムを導入したことで、今まで自由に遊んでいた時間がつぶれ、子どもたちには、手探りの集団活動プログラムは全く不人気でした。指導に関わった筆者に、1年生の児童が「森本先生もう来ないでください」と言ったほどです。しかし、支援員は辛抱強く頑張り、27年度に4回の発表会を開催しました。

最初の2回は、「ミニ発表会」として平日に実施しました。練習中の子どもたちの様子から、不安いっぱいの船出でしたが、公開の舞台が子どもたちを一変させました。子どもたちの「やるときゃやるとばい」といわんばかりの真剣な演技発表に救われた発表会でした。

平日に実施したこともあって、学校関係者、保護者などの見学者は少なかったのですが、拍手が湧き、演技のたびに「おう‼」という感嘆の声が上がりました。この拍手と声援は支援員の自信となり、3回目の発表会実施につながっていきました。

この現象を共著者の大島は、「発表会の魔法」と呼んでいます（＊1）。子どもたちは「火事場力」によって飛躍します。「子どもたちと心を通わすうえでも、保護者とのコミュニケーションを密にするためにも、定期的に行なう発表会はとても大事です。発表会は、教育プログラムの成果の最も雄弁な証明になるからです」とも言っています。

3回目は、「三世代交流会」（市内全児童クラブで実施）も兼ねたため、土曜日に実施しました。習い事や早帰りなどにより、全員そろっての練習はなかなかできなかったのですが、前2回のミニ発表会が支援員の自信となり、根気強く指導を続けてきた成果を示す発表会になりました。

保護者、地元高齢者、他の児童クラブ、学校および教育委員会関係者等に案内の声をかけたところ、児童数を超える見学者の中での発表会になりました。

見学者の反応は、過去2回の発表会に増して好意的でした。学童保育に教育プログラムを導入することは間違っていないと確信しました。その見学者の中に、片案教育長もいたのです。


（＊1）三浦清一郎、大島まな著『明日の学童保育』（日本地域社会研究所、2013年 P．118）

11　繰り返し練習すれば上達する

支援員の自信は、「本番の発表会で子どもたちは変化する」を実感したことで深まっていきました。発表会の前日まで子どもたちはそろわず、櫛の歯が抜けているような感じでした。リハーサルの途中でふざける子どもも少なくなかったのです。しかし、本番の発表会では見違えるような児童の姿でした。

保護者や学校の先生たちから惜しみない拍手をもらい、感嘆の声を聞いて、子どもたちと支援員の自信につながったことは間違いないと思います。子どもも支援員も「社会的承認」を得たことで一気に変わったのです。

学童保育は毎日、行なわれます。学校の授業のあとだから、教育プログラムを入れるといっても、基本は、遊びながらの集団活動になります。しかし、遊びながらといっても、集団活動には集団活動の規範と協調が要求されます。絞まるときは絞まり、自分勝手な行動は許されません。ここから、社会性が養われるのです。学童保育には、学校以上に練習の時間がたっぷりあります。学校からも、地域社会からも希薄になっている異年齢集団の時間であり、上級生と下級生の交流は学童保育の最大の特徴といっていいでしょう。

「雨ニモ負ケズ」、「俳句いろはカルタ」の朗唱は、3回目の発表会ではほぼ完璧になりました。ゲームや競争を生かして行なうのですが、頭脳が柔らかい時期に行なう繰り返しの練習は、集中力や脳トレには最高の機会です。繰り返し練習すれば、あっという間にできなかったことができるようになります。とりわけ、１年生、２年生など、低学年の吸収力には、関係者が驚かされました。

基礎体力の向上や集中力を高めるプログラムも実施されました。体力アップ３種目（腕立て伏せ・足上げ腹筋・ブリッジ）、大縄跳びやマット運動（前転・開脚前転・側転）なども定番として多くの時間をかけました。朗唱のプログラムには、ほかに「都道府県カルタ」（都道府県の特徴・特産物で札をとる）や論語、四字熟語等も早くから取り入れ、異年齢の中で全員が習熟し、違和感なく発表できるようになっていきました。繰り返しの練習成果はかけた時間に比例することも実感しました。「学童保育恐るべし」という感想です。

発表後のアンケートを見る限り、保護者の児童クラブを見る目が大きく変わってきました。

12 学童保育を教育委員会が所管する困難

莇田児童クラブの3回目の発表会が終わったあと、片峯教育長から「学童保育を、平成29年度から教育委員会で担当したい」という提案がありました。

しかし、行政はそう簡単に、縦割りの壁を越えることはできません。福祉行政が行なう施策を教育行政の傘下に入れるためには、市長部局の理解や議会の承認を得なければならないからです。

福岡県内で、教育委員会が「学童保育」を所管している市町村は、10

市町を超えていますが、担当はそのほとんどが生涯学習課（社会教育課・公民館等）です。中には市長部局や教育委員会に「子ども課」等を新設し、学童を所管しているところもあります。公設公営の行政の直営はなく、社会福祉法人、ＮＰＯ法人、父母会などの民間に委託する公設民営であり、運営は委託先に「丸投げ」されているのがほとんどだと聞いています。

飯塚市も福祉部局が所管する公設民営で運営されており、ＮＰＯ法人「飯塚市青少年健全育成会連絡協議会」（以下「ＮＰＯ」という）に委託しています。福祉部局から教育委員会へ所管を変えることは、そう簡単ではないのです。

13 「学童保育」に通う児童は、一部の特定児童

学童保育は、児童福祉法に基づく「放課後児童健全育成事業」(第6条)であり、「この法律で、放課後児童健全育成事業とは、小学校に就学している児童であって、その保護者が労働等により昼間家庭にいないものに、授業の終了後に児童厚生施設等の施設を利用して適切な遊び及び生活の場を与えて、その健全な育成を図る事業をいう」と定められています。

利用者は年々増加していますが、利用できる児童は、放課後や休業日

に保護者が家庭にいないという特定条件下の児童です。それゆえ、地域の家庭の全児童を義務教育として受け入れ、担当することが職務である学校と教職員が、特定の児童のみを対象とする事業に加担してよいのかという疑義が生じます。

14　「子どもの貧困対策」は、地方公共団体の責務

わが国の子ども（18歳未満）の相対的貧困率は、１９８５（昭和60）年の10・９％から２０１２（平成24）年に16・３％と大幅に悪化しました。これは、経済協力開発機構（ＯＥＣＤ）に加盟する先進34カ国中で９番

目に高いのです。２０１５年には13・９％まで回復したものの、先進国の平均よりは高い数値です。

特に、ひとり親世帯の貧困率（２０１２年時点）は54・６％で、数字を公表しているＯＥＣＤ加盟の33カ国中で最も高いのです。そのため、親から子へ貧困の連鎖が起きないよう、子どもの貧困対策を総合的に進めることを目的に、２０１４（平成26）年１月、「子どもの貧困対策の推進に関する法律」が施行されました。

この法律の第２条で、基本理念として、子ども等に対する教育の支援、生活の支援、就労の支援等が掲げられました。第４条では、その基本理念にのっとり、子どもの貧困対策を総合的に策定し、及び実施する責務を有するとあります。

片峯教育長は、学童保育を教育委員会が所管することにより、全児童を対象とした放課後や休日に家庭教育支援を実現しようと考えたと聞いています。

飯塚市には、学童保育とは別に、合併前から実施し、成果を上げてきた「子どもマナビ塾」事業があります。両者を組み合わせれば、全児童を対象にすることができます。「子どもマナビ塾」の存在が市長発想の背景にあったと考えています。

15 学校の支援体制をどうつくるか？

飯塚市では、小規模校の八木山小学校を除く18の小学校に、19（1小学校に2学童あり）の児童クラブがあり、同一敷地内か校舎内に設置されています。

しかし、学校と学童保育の実質的な連携は存在しませんでした。学校は、毎月の学校行事予定表を届ける程度で、自分の学校の子どもたちという意識も薄かったと思います。学童保育で起こるトラブルが、時として学校に及ぶこともあり、学校にとっては、「迷惑施設」的存在として受け止められていたのが現状です。

一方、児童クラブは、遊びと安全な生活の場といいながら、現状では、どこの児童クラブでも保護者の強い要求で、宿題の時間だけは確保していました。たったこれだけのことでも、学童保育は、共働き家庭やひとり親家庭の家庭教育支援の一端を担っているといえますが、学校は関心を持ちませんでした。

それゆえ、教育長が、「学童保育」は「学校教育課で担当する」と提案したことは、学校が積極的に学童保育との関わりを深めることを意味します。「教育長がやる」と決断した以上、学校教育課も「いやとは言えなかった」と想像しています。

筆者はその後、数人の校長に会い、教育長の意向についてたずねてみました。返事は、「そのようですね」と何となく「つれない」雰囲気だったことを思い出します。

以下は、学校教育課の傘下にある学校に対し、教育委員会がどのような手順で支援体制をつくっていったのか、を箇条書きで整理したものです。

（1）改革は職務分掌の新しい職名の創出から始まった

平成28年度には、「特別支援教育担当指導主事」が発令され、翌29年度には「児童クラブ担当指導主事」が配置されました。

片峯教育長の提案によって、28年度に教育委員会併設の教育研究所に、市内小学校長を退職した再任用嘱託職員が「特別支援教育担当指導主事」

という肩書で配置され、その指導主事が次年度の所管替えについての準備に関わりました。

特別な配慮や支援を要する子どもが学童保育現場にも多く在籍するため、学校と学童保育間で、こうした子どもたちについての「連携会議」を実施することが出発点となったのです。「特別支援教育担当指導主事」が学・保の連携を仲介する位置づけでした。

財政難で人件費削減はどこの自治体も同じで、飯塚市も例外ではありません。定数1の確保が厳しい中の知恵でした。翌29年度から指導主事の名称は「児童クラブ担当指導主事」と変わり、職務内容も明確化され、正式に学校と学童保育をつなぐ専任指導主事が誕生しました。

当然、校長会等の中で説明が行なわれ、新しい「児童クラブ担当指導主事」は、学校教育課、福祉行政の児童クラブ担当課、児童クラブを運営するNPO、個々の学校との連絡調整、情報収集と提供等の任を受け持ち、本格連携に移行するための欠かせない存在になっていきました。

（2）平成29年度は教育委員会学校教育課に「放課後児童クラブ係」を設置

平成29年度には、学校教育課に新しい係が新設されました。学校教育課が児童クラブを所管するといっても、当時の学校教育課には、課長ほか、指導系の課長補佐、指導主事３名の職員の配置だけで、勤務に余裕はありませんでした。そこに、今までまったく関わりがなかった児童クラブの所管が追加されたのですから、システムの追加・変更は不可欠です。

別途、「放課後児童クラブ係」が増設されました。係には新規に担当係長と担当職員が配置されました。加えて、特別な応援体制として、福祉部局で児童クラブを担当していた「子ども支援課」の課長の定年退職を機に、本人を再任用の嘱託職員として配置したのです。嘱託職員とはいえ、長年、児童クラブ担当課長として、事業委託先のＮＰＯ、さらには全児童クラブの動き、支援員の人脈を熟知している職員の配置は、新業務の出発に際し、学校教育課長もさぞ心強かったと思います。

(3)「学・保連携」の社会的風土の醸成
――「児童クラブ担当指導主事」の役割

次年度の本格連携の始動に向けて、「児童クラブ担当指導主事」の動きは多彩でした。県内他市町村の児童クラブの運営・活動などの調査に着手し、「本当に学童保育との連携などということができるのか」という半信半疑の学校長に、「その気にさせる」という重要な役割を担っていました。担当主事は校長会に出席し、学校教育課の説明を補足し、調査結果の情報を提供し、なかなか動こうとしない校長たちに対し、「やらなくてはならない」という危機感をあおる役割も担っていました。

先述のとおり、飯塚市では、筆者が手がけた先行事例として「菰田（こもだ）プロジェクト」が成果も上げていたので、学校と児童クラブが連携して、児童クラブの運営・活動に教育プログラムを導入するモデルは存在しています。

「学・保連携」の戦略は、「菰田プロジェクト」のモデルにならい、「点」を「線」につなぎ、さらに「面」に広げ、最終的には、「飯塚市の全小学校で行なう」ということになります。

「学・保連携」の本格展開は、おそらく、全国的にも、例のない取り組みへの挑戦だったはずです。「児童クラブ担当指導主事」は、まず学校の姿勢を変えなければならず、学校長の意識を変えなければなりませんでした。もちろん、学童保育を主催するＮＰＯの考え方や支援員の発想も変えなければなりませんでした。

委託先の支援員たちは「なんで今さら、そんなことまでするのか」、「児童クラブは学校とは違う」などと、反発の声を上げていました。学校、

ＮＰＯ、支援員の三者三様のとまどいや反発の声の中で、「児童クラブ担当指導主事」は、説得を繰り返していったと聞いています。「学・保連携」の社会的風土の醸成にとって、「児童クラブ担当指導主事」の活動が成否のカギを握っていたといっても過言ではないでしょう。

(4) 学校の校務分掌に、「児童クラブ担当者」が置かれた

平成29年度から正式に、教育委員会学校教育課所管の児童クラブがスタートし、スタートにあたって、学校の校務分掌に「児童クラブ担当職員」を置くことが決まりました。

学校教育課所管ならではの発想でした。したがって、29年度には、全小学校の校務分掌に「児童クラブ担当」職員の名前が載ることになったのです。

こうして学校教育課所管の児童クラブが発足しましたが、児童クラブが学校の傘下になったわけではありません。児童クラブはあくまでも児童福祉法に基づく設置であり、学校には、児童クラブに対する指導権限が与えられたわけではありません。ここが実に微妙で、難しい選択で、見方によっては違法行為でないかと問われかねない実践なのです。

しかし、本書、まえがきに記載したとおり、時代は大きく変わりつつあります。平成30年9月5日、自民党行政改革推進本部は、党本部で総会を開き、中央省庁再々編の検討を促す提言を了承しました。子育て支援政策は、厚労省、文科省、内閣府がバラバラに行なってきましたが、「政策を一体として推進する官庁が必要」として、1つの官庁に一元化して担当させることが提案されたのです。

すでに国の政治は動いており、平成30年9月14日、文科省・厚労省の局長連名で「新・放課後子ども総合プラン」を策定し、その中で文科省・厚労省が協力し、放課後児童健全育成事業（以下「放課後児童クラブ」）

と「放課後子ども教室」を一体的に進めることも可能としているのです。今回の「飯塚プラン」は、国の方針を一歩進めて、その先の未来を先取りした取り組みです。

各校に新設された児童クラブ担当職員には、児童クラブは、単に保護者が労働等により、昼間家庭にいない児童を預かるだけでなく、基本的生活習慣や異年齢集団活動等による社会性の習得や健全育成をめざす家庭教育支援の役割を担っていることが説明されました。さらに、彼らには、学校代表として、児童クラブとの連絡調整にあたり、求めに応じて可能な限り指導・支援を行ない、双方にとってウイン・ウインの関係になる努力が期待されています。

(5) 学校主導で学校と児童クラブの「連携会議」が始まった

「飯塚プラン」では、まず、学校が変わることが求められました。所管が変わった初年度は、いくつかの学校で「連携会議」が行なわれましたが、それも学期に1回とか、多くて年数回程度で、それ以上の積極的動きは見られませんでした。

毎回、校長会等の機会を捉えて説明や研修が行なわれましたが、平成29年度前半は、学校は動かず、「それでなくても忙しい学校にできるはずがない」などの声も多く聞かれました。

他方、児童クラブの方も、「学校教育課が主管課になったら何が変わるのか」など、連携すべき双方に変化に対する半信半疑の状態が続きました。すでに市長に就任していた片峯氏の期待は空回りに終わるかと心配しました。

事態が動かない反省から、平成29年度の後半、学校教育課は、校長会でのさらなる徹底を図り、また児童クラブ支援員の会議や研修会に出向き、繰り返し学校と児童クラブの連携のメリットについて説明と共通理解を求めました。後半、学校教育課の学校への強い働きかけで一挙に学校が動き始めました。このとき、個々の学校が任命した「児童クラブ担当者」の存在が大きかったことはいうまでもありません。

平成30年度は飯塚市内の全小学校で毎月1回、学校側の主導で児童クラブの支援員と学校の「連携会議」が持たれるようになっていきます。まさに、保育と教育の一体的推進の取り組みが始まりました。

児童クラブには毎日保護者が迎えにきます。当然、児童クラブの支援員は毎日保護者と話をします。支援員は学校でいう保護者面談を毎日行なっていることになるのです。もちろん、支援員は守秘義務を守って外に出すことはありませんが、学校の先生以上に、保護者や家庭の状況を把握し、子どもの生活について情報を持っているのです。年に数回の保護者懇談会しか持てない学校とは情報収集力の桁が違うのです。支援員が把握している状況は、学校にとって、有効で必要なことがたくさんあるはずです。

他方、支援員には、学校での子どもたちの様子は分かりません。「学校は敷居が高いので、なかなか先生方に聞くことはできない」と支援員は言っていました。両者はいつもそばにいながら、相互の交流機会はありませんでした。双方が同じテーブルにつく定期的「連携会議」は、両者の連帯を促進し、情報の共有を可能にし、「飯塚プラン」の最初の課題を突破したのです。

学校は児童クラブに直接の指揮・命令や指導はできませんが、連携会議を通して、放課後や休日の子どもたちの生活の実態を知ることができ、ときとして、支援員の求めに応じて指導に関わることもできるようになったのです。

毎月の「連携会議」を通して、学校は児童クラブに出向き、行事予定やそれに伴う子どもの動きを説明しています。それに対して、児童クラブは、子どもたちのクラブ内の生活や動きの様子を伝えます。両者の交流は、特別な課題に当面しているA男、B子などについて具体的な名前を出しながら、情報交換ができ、双方での対応が協議されるようになりました。問題意識の共有は、連帯を深めます。「学校は敷居が高い」と言っていた支援員も、子どもたちに問題行動等が発生したとき、安心して職員室や教室に出向き相談できるようになったと言っています。

「連携会議」は、学校の教員と児童クラブの支援員双方の信頼関係を確立し、「学校がその気になって動けば、教育状況はここまで変わる」と改めて実感しています。学童保育の充実にとって、学校の支援がいかに大きいか、「連携会議」が実証したのです。

（6）学校の先生が児童クラブで勉強を見るようになった

前述のとおり、児童クラブは学校の敷地内、または校舎の中にあります。自らの任務として、「学童保育との連携はやらなければならない」

ことを納得するまで、先生たちの動きは遅々としていました。しかし、「やる気」になった途端、事態は一変しました。最近は、時間を見つけて児童クラブに顔を出す先生が増えたと聞いています。

また、先行事例の「菰田プロジェクト」で、菰田小学校低学年の先生が、夏休みに、児童クラブに出向いて宿題などの指導をしました。この事実が研修会などで説明されて以来、他の学校でも少しずつ同様の動きが始まってきています。

先生が訪問したときの児童クラブは、子どもたちの態度が一変するといいます。もとより、「学・保連携」は、「第2の学校」をつくることが目的ではありません。しかし、特別な課題に当面している子どもに対する指導は、支援員の手に負えません。それゆえ、プロの先生が関わってくれる効果は大きく、支援員の学習機会になっており、すでにその成果も現われています。

（7）委託先のＮＰＯに、「指導担当専任職員」が置かれた

児童クラブの日常的な運営は、委託先のＮＰＯの傘下にあるので、学校に担当職員を置いたとしても、また、全体を管轄する児童クラブ担当指導主事といえども、直接児童クラブに出向き指示したり、指導したりすることはできません。

児童クラブは、もともと保育が中心で児童を預かり、「適切な遊び及び生活の場」を提供し、無事保護者に受け渡すことが基本任務です。飯塚プランでは、その基本任務に加えて教育プログラムを導入し、異年齢集団活動に取り組むことをお願いするものです。当然、支援員たちの戸惑いは隠せませんでした。幸いなことに、先行させた「菰田プロジェクト」の成果が大きなモデルになり、他の児童クラブも集団活動を試行錯誤しながらもいろいろ工夫して取り組むようになってきています。

そんな中、ＮＰＯでは、平成30年度、「菰田プロジェクト」の学校側

責任者であった体育系の男性校長退職者を、初めて「指導担当専任職員」として雇用することになりました。

別の例ですが、筆者は、鳥取県大山町で男性教員が保育園に派遣され、本人の戸惑いや悩みとは裏腹に、女性保育者には難しかった指導上の大きな成果を上げた実践発表を聞いたことを思い出しました。

飯塚市のＮＰＯでも、ほぼ女性だけの支援員の中に、「男性で、校長経験者で、しかも体育系」の指導者を入れたことの効果は大きかったと思います。耐性・体力づくりの視点で指導ができる体制ができたことにより、各学校との連絡もスムーズにいき、教育プログラム導入によい効果を上げています。

（8）連携を動かす仕組み

学校と児童クラブの連携を具体的な形で動かすことは、正直、難しいことでしたが、その仕組みの要点は次のように考えられます。

①学校をその気にさせること

まずは、学校をその気にさせることが最大の課題でした。学校教育課が所管になり、学校への指示、命令系統が確立したことが、学校が動き始めた第1要因です。校長会、教頭会等がその伝達会議でしたが、学校教育課長が動き、職員が動く体制が教育委員会の中に確立するに従って動きが加速しました。学童保育との「連携会議」も学校主導で行なわれるようになりました。

②委託先のＮＰＯもその気にさせること

学校教育課が所管になることは、委託先のＮＰＯへの予算（委託経費）を持つことになります。ＮＰＯは学校教育課と連携が必要になりますが、１年間の準備期間が有効に活用され、スタート時はスムーズに移行できました。

児童クラブの業務に新たに教育プログラムの導入を行なうことは簡単ではありません。しかし、ＮＰＯ関係者の意識の変革が早く、支援員会議や研修会等での説明で、支援員の気持ちを動揺させず統一へ向かわせることができたように思います。

しかし、最終的には、学校の支援以上に、支援員自らが頑張って行なった「発表会」の成果が大きかったと思います。何より、「発表会」を契機に、保護者の「児童クラブ」を見る目が変われば、ＮＰＯの意識も変わります。

初期の段階での「菰田プロジェクト」の成果と役割は、ＮＰＯを「その気にさせる」第一歩になったといえます。

③学校教育課の内部組織を固めたこと

前年度に、教育委員会所管の教育研究所に「児童クラブ担当指導主事」が配置され、ＮＰＯ事務局と話し合う中で、次年度発足に向けての調査研究や情報提供等が一気に進み、双方の連絡体制が整っていきました。このことにより、新年度発足時に新しく学校教育課の中に設置された「放課後児童クラブ係」の職員への業務移行がスムーズに進み始めます。３人の職員配置（前述のとおり、うち1名は退職後の福祉行政所管時代の担当課長）により、学校を動かす体制が確立されていったように思います。

第３章　教育行政関係者の意識変化は、「菰田児童クラブ」の発表会から始まった

森本精造

1 既存の児童クラブが取り組んできた唯一の教育機能は宿題時間であった

飯塚市の児童クラブ（学童保育）では、必ず「宿題をする」時間をとっていました。保護者の要求が圧倒的に高かったからです。この現象は飯塚市の児童クラブに限らず、おそらく全国の学童保育全般の傾向でしょう。共働き家族やひとり親家庭では、毎日こまめに子どもの宿題に目配りする余裕はありません。児童クラブでの宿題はどこでも定番なのです。

筆者は、学校の職員に「宿題の目的は何か」と聞いたことがあります。

答の大半は、「授業の補完、復習のため」、あるいは、「家庭での学習習慣を身につけさせるため」ということでした。飯塚市以外の学校でも聞いてみましたが、教員の答は似たようなものです。

学童保育にくる小学生で、しかも低学年の児童に、意図的な指導をしないで、自学自習の習慣がつくとは考えにくいでしょう。どこかで意図的な指導が必要であることは明らかなのです。

宿題にかける時間はクラブによってまちまちですが、「菰田児童クラブ」では20分間と時間を限定して実施していました。子どもの姿勢にはムラがあるので、当然時間内に終わる子と終わらない子が出てきます。しかし、菰田児童クラブでは、宿題時間は20分と決め、それ以上の時間は与えていませんでした。

教育プログラムの導入以後は、宿題が終われば、楽しい集団遊びなどの時間があるよ、と声をかけ、時間内終了をめざして、宿題に集中させる工夫をするようになっていました。

児童クラブの支援員は宿題が終わったかどうかは確認しますが、宿題の正誤には原則触れません。「学校から止められている」ということが理由でした。学校が「止めざるを得ない」理由は両者の連携ができていないからです。

飯塚プランの実施によって、学校職員と支援員との定期的な「連携会議」が始まり、学校と児童クラブの間の高い壁は徐々に低くなりました。当然、教職員が児童クラブに顔を出す機会が多くなり、支援員が日常的に学校に出向くことも多くなります。学校と児童クラブが連携すれば、支援員が宿題のまる付けぐらいはできるはずです。また、20分という短い時間なら交替してでも先生の何人かが顔を出してくれれば、宿題時間は一気に改善できます。連携の機会は随所にあるのです。

2 発表会が教育関係者に与えた衝撃

以下は、初めて「菰田児童クラブ」の発表会を見た教職員や教育行政関係者の感想です。発表会は教育関係者の既存の認識を一変させました。

(1) 異年齢集団活動の意義の再認識

もちろん、学校でも、運動会や清掃活動など単発的には、異年齢活動を取り入れています。しかし、児童クラブでは、毎日の生活や遊びが異年齢集団活動です。

教育関係者は改めて、「お互いに助け合っている」子どもの姿を見ました。学童保育には、「家庭的優しさ」も見えます。「高学年、低学年が同一の活動で入り混じり、協調し、新鮮な取り組みだった」が異口同音の感想でした。「縦割りで全員がこんなにもよくまとまるものか」という驚きの声も上がりました。

(2) 児童クラブには、発達支援に活用できる時間が豊富にあることの気づき

学校では、限られたカリキュラムの中で授業が行なわれ、毎日、毎時間が前日より進んだ内容で授業が行なわれます。復習を兼ねた宿題を出

すことがあっても、反復練習の時間は絶対的に足りません。「繰り返し練習すれば上達する」と分かっていても、学校には時間的余裕がないのです。

発表会を見た教育関係者は、異年齢集団活動の成果を高めたのは、支援員が反復練習を徹底したことであり、児童クラブには、それを可能にする「時間」があることに気づきました。

これだけやれるのなら、「集中力や学力、体力も育つと思う」「子どもたちの潜在的なパワーを感じました」「子どもたちの確実な成長を実感していいます」「難しい内容なのに、低学年がよく頑張っていますね」などの讃辞は児童クラブが持つ教育可能性の再認識であったと思われます。

（3）学校と児童クラブの連携の意義の気づき

発表会を見た教育関係者は改めて自らの役割と存在意義を確認したと思います。「学校の協力には大きな意味がある」「子どもたちも夏休みも先生がきてくれたと喜んでいました」「娘が児童クラブに通っていたころは、学校と連携した取り組みはありませんでした。すごくよいことだと思います」「学校と連携できれば、放課後の取り組みは児童の士気が上がると思います」「学校が協力できれば、子どもの成長にとって一段とよい支援になります」「このような児童クラブの取り組みは、学校にもよい刺激になると思います」などの感想は、自分たちの役割と連携の意義を改めて認識したということです。

（4）支援員の教育力への評価とエール

日ごろから学校の同一敷地内で実施されている児童クラブですが、学校は、今までまったくといっていいほど無関心でした。

発表会の練習は子どもたちの意識を変えました。練習の成果を先生にも見てもらいたいという願いから、自分たちで招待状を作成して担任や管理職へ届けるまでになったのです。それでも教員の大部分は、児童クラブで展開されている日々の活動がどんなものかを知りません。「発表会」の練習は、「教室で多少は聞いていた」という先生もいましたが、大部分の関係者にとって初めての見聞だったことでしょう。その分、充実した発表会は新鮮で、衝撃的だったのです。

「指導のご苦労に感謝している」「ここまで指導ができているとは知らなかった」「支援員さんの努力に敬意を表します」「支援員さんはさぞ大変だったことでしょう」「これからもよろしくお願いします」などの感

想は支援員の力を見直し、教育の同じ方向をめざす支援員への先生方からのエールになったでしょう。

第４章　共著者鼎談
――支援員はどう変わったか？

三浦清一郎

森本精造

大島まな

われわれ3名は「豊津寺子屋」、「井関にこにこクラブ」、「菰田プロジェクト」と3つの「保育と教育の融合プログラム」を見てきました。前の2事例については、著書にまとめています（＊1）。

そこで今回は実践の体験を踏まえて支援員さんの変化について3名の鼎談を企画してみました。

（＊1）豊津寺子屋：『子育て支援の方法と少年教育の原点』（三浦清一郎著、学文社、2006年）

井関にこにこクラブ：『明日の学童保育』（三浦清一郎、大島まな著、日本地域社会研究所、2013年）

大島　今回、「井関にこにこクラブ」の実践が文科省表彰を受けることになり、改めて主任支援員さんの感想を聞くことができました。「やっと活動メニューを考えることが楽しくなりました」と言っていました。

森本　前は「やっぱりつらかった」、ということでしょうかね！

大島　「受け身だった」ということではないでしょうか？　指導されたとおりにやって、結果が出て、子どもが元気になり、拍手をいただいてうれしかったけれど、自分たちが発想したプログラムではなかった、ということだと思います。

三浦　「進化」の階段を上がっているのだと思います。

大島　そうですね！「子どもたちの向上がうれしい」→「仕事も楽になった」→「拍手がもらえてやり甲斐が増した」→「保護者の評価も、学校や社会福祉協議会関係者の反応も好意的になった」→「子どもたちのことも、自分たちのことも誇りを持てるようになった」というように聞いていました。

森本　飯塚市でもそういう進化の道筋を辿れるといいのですが……。

三浦　飯塚市では、全小学校間の「競争」が入るので、必ずそうなるし、早い段階で進化が起きると思いますよ。

大島　そういえば、「豊津」も、「井関」も単独の挑戦だったので、「比較考量」、「切磋琢磨」の機会に恵まれなかったですね。

三浦　むしろ、「孤立無援」だったというのが実情でしょう。飯塚市では、学校も、行政も、市長さんまでついているのです。一気に「気合い」が入りますよ。豊津の皆さんに迷いがなかったのも、町長さんと行政の担当者がブレなかったからです。

大島　その分、井関の支援員さんは「がんばった」ということですね！

森本　応援したお2人もがんばったということでしょう！

三浦　集団活動プログラムの効果を再認識したということではないでしょうか？

大島　井関の主任さんがそのことに気付き、自分たちで工夫し始めたということですね。

三浦　そうだと思います。彼女たちは自分たちの子どもを見る「基準が変わった」と言っていました。

大島　そうです。子どもの潜在力や可能性を見る目が変わったと言っていました。だから、支援員の「関わり方」も自ずと変わりますよね。

森本　そこが一番大事ですね。学校が驚いたのも、「学童保育でここまでやれるのか」ということですよ。活動プログラムを入れるまで、「自由時間が怖かった」と支援員さんが言っていました。「今は、苦痛でなくなった」と。

大島　発表会は大事ですね！　子どもにも支援員さんにも、「火事場力の魔法」がかかりますね！　世間に見ていただくことで、評価を得て、自信になったと言っています。

三浦　発表会をするまで、学童保育には「社会的承認」を得る機会がなかったということだと思います。全員に共通しているのは、「自分たちのやっていることに誇りを持てた」ということでしょう！

森本　逆から見れば、拍手がいただけるまで、鍛えなければならない、ということですね。

三浦　教育効果の出ないプログラムでは駄目、ということです。

森本　教育はそこを曖昧にする傾向がありますよね！「やった」ということと「やった結果、どう変わったのか」の両方を上手に見せなければなりませんね！

大島　集団活動は、「百聞は一見に如かず」ですから、大丈夫ですよ！

森本　教科指導と違って、それが最大の救いです。

三浦　学童保育の最大の特性は、「異年齢集団」の活動です。保護者の皆さんは、日常、「見たことのない子ども」を見ることになります。これまでの体験で間違いありません。教育効果は必ず出ます。拍手も必ずいただけます。

大島　支援員さんの「手応え」も、子どもの変化が目に見えますからね！　自分たちが子どもを変えていると実感できれば、さぞ、新鮮で、うれしいことでしょう！

三浦　実務上も、声を張り上げなくてよくなった、と言っていたでしょう。

大島　そうです。「井関」でもそこを分かってもらいたい、と言っています。

森本　そうなるためには、指導方針にブレがあってはならないでしょうね。「菰田プロジェクト」も子どもの変容で確かなものになっていったような気がします。

大島　規範とか、一貫性とか、多様化した現代社会で一番難しいところでしょうか？

三浦　人の世ですから、「不協和音」は必ず出ます。行政でも、学校でも、支援員さんの間にも出るでしょう。

大島　それでも、最初は基本の「型」から始めなければならないでしょう！　なぜそうするか、はあとからだんだん分かってくるとしても。

森本　モデルが大事で、先行事例が大事ですね。

三浦　飯塚市は強いですよ。何より学校がかんでいます。行政も後ろにいます。全市ぐるみで保育と教育の本格的な連携ができるのは、日本国で初めてです。放課後が変わり、子育て支援のあり方が変わります。

大島　何より、女性の社会進出の応援の形ができると思います。

３代にわたる教育長構想が具体的に実を結ぶと思うだけで励みになります。

森本　ありがとうございました。微力ながら応援を続けます。

第５章　学童保育は「守役」になれるか？

三浦清一郎

1　現代っ子に残された唯一の「縦集団」

人間の出発点は霊長類ヒト科の動物です。しつけとはこの動物を人間として、社会の一員に育てていかねばならないということです。それゆえ、親は子どもの「社会化」の「主体」になるべきであり、その義務を自ら果たし得ないときには、しかるべき「守役」にその任務を託さなければなりません。

現代の「守役」は、学校であり、塾であり、お稽古事の先生方です。この度、飯塚市では、学童保育が放課後の「守役」を引き受けることになります。

「社会化」とは共同生活を前提とした社会の構成員たるべき知識、技術、資質を育てることを意味します。すなわち、共同生活において、「他者」と気持ちよく暮らせる社会性を身につけさせてやるということです。

現在の日本社会において、学童保育は、子どもの日常に残された唯一の「縦集団」です。適切な活動メニューさえ提示できれば、異年齢の少年が集まる学童保育は、子どもにとって格好の社会生活の予行演習の場になり得るのです。

2 守役の責任

不登校やひきこもりに見られるように、子どもの体力・耐性が落ち込めば、教育行政はもはや「守役」の責任を逃れることはできません。しつけと教育の前提は「共同生活」であり、「社会を構成する他者」の存在です。子どもが生まれる「前」から、すでに共同生活も、社会も、他者も存在しています。原理的に「適応すべき」は社会の方ではなく、「子ども」の方です。

したがって、共同生活の「技術」と「掟」を教えることは、子どもの欲求や子どもの主張に優先します。それゆえ、幼少期の子どもを教育の中心に置いてはいけないのです。しつけは「他者」と気持ちよく暮らすためのルールの体得であることは自明でしょう。他者に迷惑をかけないことも、他者とのコミュニケーション技術の習得も、共同生活の前提です。

子どもの主体性を重んじた戦後教育は、学習を重視し、教育を軽んじた傾向がありました。この結果、子どもの興味関心に関わらず、共同生活を前提とし、他者に迷惑をかけないことを優先するしつけに失敗したのです。しつけの原義は、和裁でいう「しつけ糸」のしつけです。「型」がずれたり、崩れたりしないように、「しつけ糸」で止めてしまうということです。それが「やるべきことはやりなさい」、「ダメなことはダメ」の論理です。ここからしつけは「型」の「習得」を原点とし、「協調」を学び、「協働」の態度を身につけることとです。「型」の習得は、体力・耐性が基本であり、「他律」を出発点とすることも明らかです。

もちろん、あらゆる人生において、体力・耐性は生きる基本であり、学ぶことの土台です。指導者を中心とし、教えることと鍛えることを教育の中核に位置づけなければ、「生きる力」の基礎も土台も形成することはできません。

仕事柄、筆者は、たくさんの授業を拝見し、多くの教育実践を体験しました。後期高齢期まで生き抜くことができ、人生も世間も思うようにはならぬことを実感しています。ゆえに、幼少期の教育こそ「型」に徹するべきだ、と改めて確信しています。

「考えること」を教えようとする「新学力観」は、総合的学習や道徳教育においてまさに破綻しています。「考える」まねごとの授業は、実践を伴わぬ「口達者」な若者ばかりを生むことになるでしょう。

3 「規範」と「型」の教育

基本的生活習慣は日常行動の型であり、健康や集団生活の基本の型です。作法や礼節は人間関係を保つ基本の型でしょう。表現の力はコミュニケーションの型の上に形成されます。当然、日本語の基礎知識は「文型」と呼ばれる言語の型です。これらの型はすべて体験を通して体得すべきことがらです。

われわれの多くも、「自分でやる」ことは、「自分でやりなさい」という他律の指導の中で学んできました。それゆえ、他律的指導は、知育の

「枠」を遥かにはみ出しています。まして、体験の原理を理屈で教えて、子どもの考えを言わせるなどという方法では、まったく歯が立つはずはありません。

教育行政は、「体得」に対して「知育」はほとんど無力である、という反省に立って、総合的学習に代表されるはやりの体験活動を導入しました。しかし、学校がどのような実践を選ぶにせよ、定められたわずかの時間で、子どもが１～２回やってみただけでは「体得」に至りません。「体得」の原則は３つです。「やったことのないことはできない」、「教わらなければ、やり方はわからない」、「練習しなければ上手にはならない」です。現代の子どもにはどの条件も不可欠ですが、学校教育においては第１と第３の条件が致命的に欠如しているのです。「社会化」の基本を達成するために、学童保育の時間を生かし、保護者に呼びかけ、練習と反復の機会を確保して、家庭教育を支援することは極めて重要です。

このとき、学童保育は、年間２８０日を超えて、放課後の子どもを預かっているので、教育機能を導入することの意味はさらに重大です。彼らは異年齢集団の共通時間を通して、社会生活の予行演習ができるのです。

あとがき
「なる」から「する」へ

日本国は、自主性・主体性を重んじた結果、「生涯学習」を強調し過ぎました。教育を軽視して、学習を強調することは、自己責任を強調するということです。自己責任論は、とどのつまり、「学習は大事です、と言ったでしょう」という自業自得論につながります。

自己責任論も、自業自得論も、教育を軽視した教育行政の不作為を免責する結果を招きます。

それゆえ、幼少年から高齢者に至るまで、「指導」と「教育」を再評価し、「教えること」を「復権」させなければなりません。「教えることの復権」とは、子どもの成長や発達における重点を、子ども自身の学習から、指導者による教育に移行するということです。端的に言えば、立派な少年に「なる」から、立派な少年に「する」への視点の転換です。高齢者の老衰についても同じです。加齢と同時に衰えることは、「仕方のないこと」ではありません。老衰を可能な限り防止することが教育の役割です。

もちろん、発達には、われわれ自身が自ら「学ぶ」要素と、指導者が、

「教え、育てる」要素の両方があります。しかし、「いじめ」「ひきこもり」「自己中」などが多発している現象を見れば、「子宝の風土」の現在のしつけや教育において子どもが「協調」「協働」「がまん」を十分に学んでいないことは明らかでしょう。「教えること」への力点移動は、教育の役割と責任を明確にします。教育が不足していなかったか、という視点は、現行の家庭教育や学校教育が自覚すべき最大の課題です。

換言すれば、子宝の風土の養育は基本的に「他動詞」です。先人の格言がなぜ、「辛さに耐えて丈夫に育てよ」と言ったのか？　なぜ、「若いときの苦労は買ってでもさせよ」と言わねばならなかったのか？

「子宝の風土」では、親は「保護者」と呼ばれ、「宝」を守ることが協調され、往々にして過保護・過干渉に傾き、子どもの成長期の発達要因のバランスを崩し、さじ加減を間違えるからです。第三者の「守役」を組み合わせて、バランスを取ろうとしたのは、「宝」は守るだけでは一人前にならないからです。

悪いことに昨今は、欧米流の「児童中心主義」が学校教育を席巻し、過保護・過干渉に屋上屋を重ねています。幼少年期の養育の実態は「世話」も、「指示」も、「授与」も、「受容」もすべてが過剰になっています。過剰の副作用は極めて危険です。保護の過剰は薬の副作用に似て、本来の目的を裏切り、養育も、教育も破壊します。

「世話」が過剰であれば、自分のことが自分でできるようにはなりません。「指示」が過剰であれば、同じく、自分のことを自分で決められるようにはなりません。「授与」が過剰になれば、日々生かされていることへの感謝の心は育たず、ものを大切にすることも学ばないでしょう。「受容」の過剰は最悪です。「受容」論は当然、子どもを第一に考えますので、多くの場合、子どもの「主体性」と子どもの「欲求」を混同します。「自主性」の名の下に、ときにはわがままも勝手も受け入れるので、「社会の必要」を軽視し、子どもの「欲求第一主義」に陥ります。

現代の子どもは、彼らの欲求のままに、「きつい」、「やりたくない」、「面白くない」、「やだ」を連発します。人権重視の名の下に、子どもの欲求を尊重すれば、体力が育たず、耐性が弱く、社会規範が身につかないのは当然の結果です。子どもの欲求に振り回されれば、鍛練はできないのです。

現代っ子の問題行動は、「指導」されることなく、フロイトのいう「快楽原則」のままに、やりたいことだけをやらせてきた結果です。現状の教育を放置すれば、家族も社会も、子どもが引き起こす教育公害に苦しむことになるでしょう！　人々の「学習要求」と、社会の視点に立った「教育必要」のバランスを回復することが急務です。

就職を目前にした若者たちに、「叱られ方を学ぶ」研修が行なわれていると聞きましたが、成長期に「叱られたことがない」とは、「教えること」を軽視した社会の哀しい現象です。

執筆分担および著者紹介

まえがき、第5章、あとがき……三浦清一郎
第2章、第3章……森本精造
第1章……大島まな
第4章……3名による鼎談

三浦清一郎（みうら・せいいちろう）

生涯学習通信「風の便り」編集長。

北海道大学博士課程修了、西ヴァージニア大学助教授、国立社会教育研修所・文部省を経て福岡教育大学教授。この間、フルブライト交換教授としてシラキューズ大学、北キャロライナ州立大学客員教授。九州女

子大・九州共立大副学長。

著書に『熟年の自分史』、『変わってしまった女と変わりたくない男』、『自分のためのボランティア』(以上、学文社)、『国際結婚の社会学』、『心の危機の処方箋』、『「消滅自治体」は都会の子が救う』、『不登校を直す、ひきこもりを救う』、『「学びの縁」によるコミュニティの創造』、『差別のない世の中へ』(以上、日本地域社会研究所)などがある。

森本精造(もりもと・せいぞう)

元飯塚市教育委員会教育長、青少年教育施設(一財)サンビレッジ茜理事長。中学校教諭。福岡県教育庁社会教育課長、福岡県立社会教育総合センター所長を経て、穂波町教育委員会教育長、飯塚市教育委員会教育長を歴任。

穂波町時代、全小学校に、「子どもマナビ塾」「熟年者マナビ塾」を導入。合併後の飯塚市では、「いいづか市民マナビネットワーク」（e―マナビ）などを立ち上げる。退職後は、NPO法人幼老共生まちづくり支援協会理事長。現在は「学童保育と学校教育の連携」（学社連携）に奔走。

大島まな（おおしま・まな）

九州女子大学人間科学部長、教授。

トロント大学大学院オンタリオ教育研究所（カナダ）成人教育学科留学（文部省奨学生）、九州大学大学院教育学研究科博士課程修了、九州大学教育学部社会教育学講座助手、九州女子短期大学初等教育科准教授、九州女子大学共通教育機構教授を経て、現職。福岡県および北九州市の社会教育委員、男女共同参画審議会委員などを務める。

近著に、三浦清一郎・大島まな著『明日の学童保育―放課後の子どもたちに「保教育」で夢と元気を！』（日本地域社会研究所）がある。

子《こ》どもに豊《ゆた》かな放課後《ほうかご》を
学童保育《がくどうほいく》と学校《がっこう》をつなぐ飯塚市《いいづかし》の挑戦《ちょうせん》

2019年5月30日　第1刷発行
2022年11月24日　第2刷発行

著　者　三浦清一郎《みうらせいいちろう》　森本精造《もりもとせいぞう》　大島《おおしま》まな
発行者　落合英秋
発行所　株式会社 日本地域社会研究所
〒167-0043　東京都杉並区上荻 1-25-1
TEL（03）5397-1231（代表）
FAX（03）5397-1237
メールアドレス tps@n-chiken.com
ホームページ http://www.n-chiken.com
郵便振替口座 00150-1-41143
印刷所　中央精版印刷株式会社

ISBN978-4-89022-241-4